Género **No ficción**

I0799126

Pregunta esencial

¿Por qué tenemos días festivos?

El Día del Trabajo

Francine Thompson

Capítulo 1

¿Qué es el Día de del Trabajo?

Mira el calendario. Es el primer lunes de septiembre. ¿Sabes lo que significa? ¡Es el Día del Trabajo! En otros países, como México, el Día del Trabajo se celebra el 1 de mayo.

Para los adultos el Día del Trabajo es un día festivo. Para los niños, este día marca el final de las vacaciones.

El primer Día del Trabajo se festejó en la Ciudad de Nueva York en 1882.

En muchas fábricas trabajaban niños pequeños.

¿Por qué se decidió crear un Día del Trabajo? Es un día para honrar a los trabajadores.

Hace mucho tiempo, no era fácil ser un trabajador. Muchos trabajadores debían trabajar el día completo. No veían nunca la luz del día. Tampoco tenían días libres y no recibían un salario justo.

Los niños también trabajaban. ¡Incluso niños menores de diez años!

Hoy, nuestra nación tiene excelentes leyes. Estas leyes protegen a los trabajadores. Algunas leyes se ocupan de su seguridad. Otras leyes impiden que trabajen en lugares peligrosos. Otras les **garantizan** tener tiempo libre.

También existen leyes especiales para los niños. Estas leyes prohíben el trabajo infantil.

Hay leyes que protegen a los trabajadores y los obligan a llevar casco.

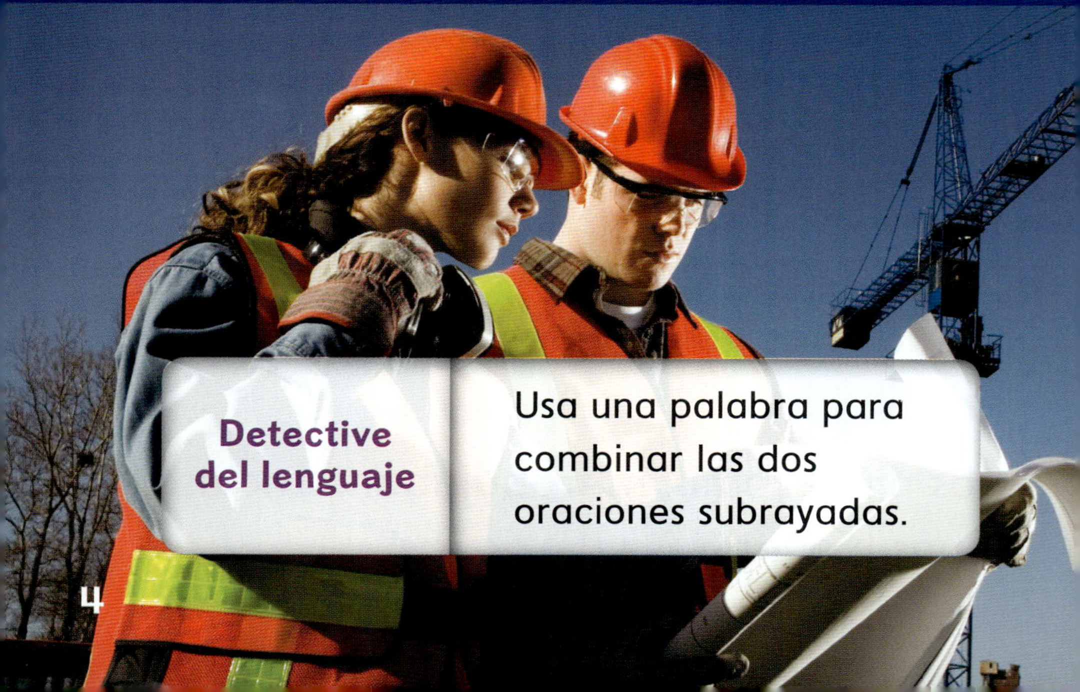

Detective del lenguaje	Usa una palabra para combinar las dos oraciones subrayadas.

Los trabajadores nos ayudan de muchas maneras.

El Día del Trabajo es un día para **reflexionar** sobre los trabajadores. Es una manera de decirles "gracias" a todos. En la escuela hay muchos trabajadores: maestros, cocineros, enfermeros, etcétera. Todos merecen nuestro respeto y **agradecimiento**.

Capítulo 2

¡A celebrar!

El Día del Trabajo también es un día de fiesta. ¡Hay que celebrarlo!

¿Alguna vez viste un desfile del Día del Trabajo? ¡Son extraordinarios!

No olvides llevar tu bandera o un globo. Saluda a los músicos del desfile.

Los desfiles son divertidos. ¡Mira todos esos globos!

Escuchar música es relajante y divertido.

¡Música, maestro!

Algunas ciudades ofrecen conciertos al aire libre. Las familias se reúnen y pasan el día juntas. No pongas excusas: ¡levántate y baila!

¡Comida al aire libre!

¿Qué tal un picnic? Es una idea muy buena para este día. Toda la familia disfruta estos momentos. Algunos preparan meriendas exquisitas. Otros llevan frutas o dulces. ¿A ti qué te gusta?

No hay manera de aburrirse en un picnic.

Esta familia se reúne a platicar.

Después de almorzar, muchos descansan bajo la sombra de un árbol. ¡Es su día libre! Pueden hacer lo que quieran.

Seguramente tú prefieres jugar. ¿Qué juego quieres proponer?

Detective del lenguaje ¿Por qué la palabra subrayada comienza con mayúscula?

Busca tu traje de baño. Esta puede ser la última vez que vayas a la playa este año. Puedes nadar en el mar, construir un castillo de arena o cavar un pozo.

El Día del Trabajo marca el fin del verano. Mañana deberás guardar los juguetes de playa y comenzar a organizar tu mochila.

¡Es hora de volver a la escuela!

Aún hace calor en septiembre.

Respuesta a la lectura

Volver a contar

Vuelve a contar *El Día del Trabajo* con tus propias palabras.

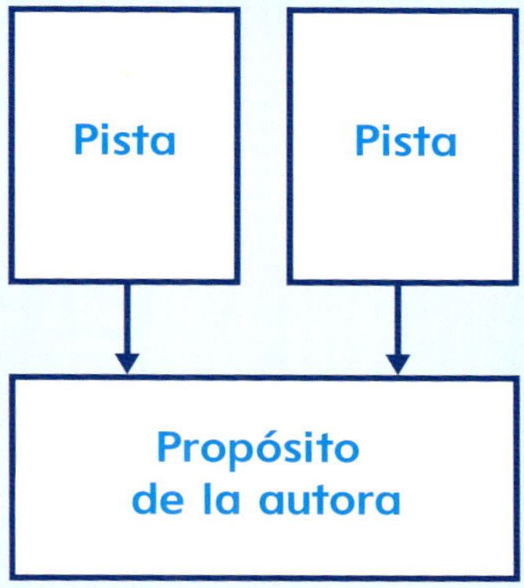

Evidencia en el texto

1. ¿Cuál crees que fue el propósito de la autora al incluir la fotografía de la página 3?
   Propósito de la autora

2. ¿Cuál crees que fue el propósito de la autora al escribir este libro? **Propósito de la autora**

3. ¿Cómo sabes que *El Día del Trabajo* es un texto de no ficción? **Género**

Género No ficción

Compara los textos
Lee para aprender acerca de otro día festivo que se celebra en Estados Unidos.

¡Celebramos a los árboles!

Los árboles son muy importantes para la Tierra. Ayudan a mantener saludable nuestro planeta. El Día del Árbol es un día festivo especial en el que celebramos a los árboles.

Clave

Primer Día del Árbol

Estados que celebran el Día del Árbol

El Día del Árbol fue creado por J. Sterling Morton en Nebraska en 1872. El Día del Árbol se celebra en todos los estados. Cada estado escoge la fecha. La fecha suele relacionarse con el momento del año más adecuado para sembrar árboles en cada sitio.

Muchas personas plantan árboles y flores el Día del Árbol. Cada estado tiene un árbol especial. ¿Qué árboles conoces?

Ese día, las personas también se ocupan de limpiar los parques. ¡Podemos trabajar en equipo para cuidar nuestro planeta!

Hacer conexiones

¿Por qué es importante celebrar el Día del Trabajo y el Día del Árbol?

El texto y otros textos

Glosario

agradecimiento muestra de gratitud *(página 5)*

garantizar asegurar algo *(página 4)*

honrar admirar y respetar *(página 3)*

prohibir impedir una acción *(página 4)*

reflexionar pensar detenidamente *(página 5)*

salario pago que recibe una persona por su trabajo *(página 3)*

Índice

Enfoque:

Estudios Sociales

Propósito Aprender sobre los trabajadores que nos ayudan

Paso a paso

Paso 1 Piensa en trabajadores que conoces y cómo te ayudan.

Paso 2 Haz una tabla como esta y complétala.

Trabajadores	¿Cómo me ayudan?

Paso 3 Dibuja a alguna de las personas de tu tabla. Escribe un párrafo acerca de esa persona. Muestra tu dibujo y tu texto a la clase.